DE LA

COPIE DES PIÈCES DU PROCÈS

EN MATIÈRE CRIMINELLE

PAR

C. JAMBOIS

AVOCAT A LA COUR DE NANCY

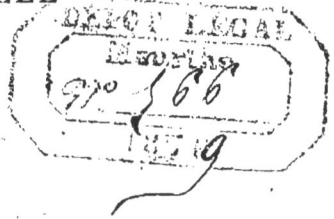

Justice n'est proprement autre chose
que formalité.
AYRAULT.

PARIS

BERGER-LEVRAULT ET Cⁱᵉ   L. LAROSE, ÉDITEUR
rue des Beaux-Arts, 5   rue Soufflot, 22

1880

DE LA

COPIE DES PIÈCES DU PROCÈS

EN MATIÈRE CRIMINELLE

PAR

C. JAMBOIS

AVOCAT A LA COUR DE NANCY

Justice n'est proprement autre chose
que formalité.

AYRAULT.

——◦☆◦——

PARIS

BERGER-LEVRAULT ET Cⁱᵉ   L. LAROSE, ÉDITEUR
rue des Beaux-Arts, 5   rue Soufflot, 22

1880

DE LA

COPIE DES PIÈCES DU PROCÈS

EN MATIÈRE CRIMINELLE

> *Nous cherchons dans ce siècle à tout perfectionner ; cherchons donc à perfectionner les lois dont nos vies et nos fortunes dépendent.*
>
> BECCARIA, *Délits et peines.*

Au moment où, grâce à la sage et intelligente persévérance des ministres de la République, une commission composée de l'élite de nos jurisconsultes achève l'étude des modifications profondes et nécessaires que la marche progressive de nos institutions libérales devait amener dans le Code d'instruction criminelle, il nous a semblé opportun de consacrer quelques pages à une regrettable lacune de la loi dans la procédure des assises.

Les accusés ont droit à la copie gratuite des déclarations des témoins et des procès-verbaux constatant le délit. Cette disposition légale est véritablement trop restreinte ; nous croyons qu'elle devrait être étendue aux interrogatoires et à certaines autres pièces du dossier. C'est la démonstration de ces points qui fait l'objet de notre travail.

Législation ancienne.

Ce n'est pas d'ailleurs une idée absolument nouvelle. L'article 320 du Code de brumaire l'avait même proclamée d'une façon plus générale : il voulait que chaque accusé reçût copie de toutes les pièces de son procès. Mais cette législation ne dura pas. Comme toutes les lois de réaction elle avait dépassé le but. On était au lendemain d'un régime exécré de compression et d'abus ; on sortait d'une procédure où tout était secret et caché pour les accusés : avec la plus généreuse mais la moins réfléchie des inspirations on voulut le grand jour jusque dans les derniers détails de l'information, et, sans mesure, on prit l'engagement de fournir à la défense la copie complète du dossier.

L'excès même de l'innovation fit rapporter une partie de ce qu'elle avait de bon. La loi du 5 pluviôse an XIII restreignit tout à coup la bienfaisante disposition de celle de brumaire à une copie, unique pour tous les accusés, des procès-verbaux constatant le délit et des dépositions des témoins.

Notre Code de 1808 a répété la même formule.

Nous entreprenons de prouver qu'elle n'est pas assez large; que, sans revenir au texte antérieur, trop étendu, on devrait adopter un moyen terme qui permettrait de donner à chaque accusé copie de ses interrogatoires et des autres pièces du procès indispensables à sa défense.

Chose étrange et douloureuse à la fois, c'est une question de dépense qui a fait modifier

l'article 320 du Code de brumaire ! C'est une
loi relative à la diminution des frais de justice
qui a abrogé une loi d'humanité !! Et c'est
encore une raison d'économie, nous le démon-
trerons, qui jusqu'aujourd'hui nous a arrêtés,
bien qu'en cette matière toute considération
de ce genre soit sacrilége, car ce qui touche
à la défense des accusés est de première nécessité sociale, aussi bien au point de vue de
l'exemple que de la justice.

Mais, Dieu merci ! nous n'en sommes plus
là ; nous n'entendons plus subordonner les
règles du droit à l'élasticité d'un chapitre du
budget ; nous pouvons rêver une amélioration
morale sans consulter les ressources de l'impôt,
et nous faisons passer les problèmes sociaux
avant les problèmes d'argent. Nous avons com-
pris que, dans un État démocratique surtout,
il fallait savoir sacrifier les intérêts matériels
aux intérêts moraux sur lesquels reposent les
vertus nationales et le principe même du gou-
vernement.

Nécessité de donner à la défense copie gratuite des interrogatoires et de certaines autres pièces du procès.

En dehors des pièces de forme, dont nous ne nous occuperons pas, un dossier criminel se compose des procès-verbaux constatant le délit, des déclarations écrites des témoins et des experts, des interrogatoires et des pièces saisies, telles que correspondances, livres de commerce, papiers divers.

Il est absolument impossible de préparer une défense sans étudier chacun de ces documents. L'avocat ne peut même pas espérer y suppléer, pour les interrogatoires ou les pièces saisies, par un entretien avec son client. On sait, en effet, si l'on a la moindre habitude des affaires criminelles, que les accusés ne peuvent inspirer aucune confiance à leurs conseils. Soit mauvaise foi, soit ignorance, toutes leurs déclarations sont suspectes. Troublés pendant l'information ou n'ayant qu'une fragile mémoire, la plupart n'ont retenu qu'imparfaitement les multiples questions du juge d'instruction ; peut-être même ne les ont-ils pas comprises ; le plus souvent ils ajoutent encore à ces défauts le mensonge systématique ; ou privés de sens moral, incapables de raisonner leur intérêt, ils cachent les renseignements les plus utiles à leur cause.

Dans ces conditions, comment serait-il possible à l'avocat de s'entendre avec son client sur les interrogatoires que celui-ci a subis, s'ils ne sont pas sous leurs yeux ; de discuter sur les pièces saisies, si elles ne sont pas entre leurs mains ? Lorsqu'on songe qu'une contradiction ou une ligne oubliée peut amener la perte d'un accusé, on comprend le soin avec lequel il faut étudier une procédure et le danger de la traiter avec les souvenirs fugitifs résultant d'une simple lecture.

On a pu se bercer d'une illusion : on a pu dire, pour les interrogatoires, que l'accusé saurait renseigner son défenseur ; nous avons vu comment dans la pratique les choses se passent ! Pour les autres pièces, on a pu soutenir que le plus souvent elles étaient, en partie ou en totalité, inutiles aux débats !

Vaines raisons. N'est-il pas démontré jusqu'à l'évidence, par les considérations précédentes, que la copie des interrogatoires et de certains documents du procès est aussi indispensable à la préparation de la défense et à la plaidoirie que celle des procès-verbaux constatant le délit et des déclarations des témoins?

La loi, dès lors, n'aurait pas dû se borner à faire délivrer gratuitement cette dernière ; sa sollicitude devait aussi s'étendre à la première.

Sans doute, actuellement, lorsque l'accusé n'a pas les ressources suffisantes pour la payer, son défenseur prend les notes nécessaires.

Mais, outre qu'il nous paraît peu convenable de ne pas assurer à un citoyen chargé d'un service public aussi solennel et qui exige déjà de lui tant d'efforts, toutes les facilités de le remplir, nous· voyons à cet ordre de choses deux graves inconvénients qu'il importe de faire disparaître au plus tôt.

Le premier et le plus important, c'est la possibilité d'un retard dans l'étude de l'affaire. On ne sait jamais, en effet, où trouver les dossiers criminels : s'ils ne sont pas entre les mains du président des assises, c'est l'officier du ministère public qui les détient; ou, s'il y a plusieurs conseils dans un procès, chacun d'eux devant voir les pièces à son tour, elles deviennent absolument introuvables, comme ce fameux personnage d'une comédie connue.

Ce n'est pas tout : il faut compter aussi avec les règlements des bureaux du greffe. Les avocats, occupés à l'audience jusqu'à trois ou quatre heures de l'après-midi, ne peuvent plus à ce moment pénétrer dans le sanctuaire de la procédure criminelle. Il faudra revenir le lendemain, qui peut être un dimanche, ou bien on ne sera pas encore plus libre que le jour précédent. Et le temps passe, et l'affaire ne se prépare pas ou se prépare mal.

On mesure dès lors la portée de ce détail qui, secondaire et presque futile au premier abord, peut entraîner des conséquences pareilles. La question est sérieuse, on le voit; et, en la traitant, c'est l'œuvre de la défense elle-même que nous voulons protéger.

Le second inconvénient réside dans le temps inutilement sacrifié par l'avocat à une besogne infime. Ce point de vue a son importance.

Nous n'avions certes pas besoin de développer ces considérations pour démontrer l'impérieuse nécessité de faire donner à l'accusé la copie de ses interrogatoires et de certaines autres pièces du dossier.

On peut dire que cette nécessité a toujours été comprise.

Et il devient par là même évident que la raison d'économie seule s'est opposée à l'exécution de la réforme que nous demandons et que d'autres ont demandée avant nous.

Nous avons donc plutôt un problème financier qu'un problème judiciaire à résoudre. Nous croyons en avoir trouvé la solution. Nous allons l'étudier au double point de vue de la copie des interrogatoires et de celle des pièces saisies.

De la copie des interrogatoires.

Le copiste, avec la tranquillité du bœuf creusant le sillon, répète, dans une procédure, autant de fois qu'il y a de témoins, cet intéressant entête :

« Information

« Contre *** accusé de ***

« L'an mil huit cent soixante dix-neuf le.....

« Devant nous *** juge d'instruction au tribunal de première instance séant à *** département de *** assisté de *** commis-greffier assermenté, en conséquence de la citation notifiée par exploit de l'huissier *** du..... mois courant, en vertu de notre cédule du..... courant, a comparu le témoin ci-après auquel nous avons donné connaissance des faits sur lesquels il est appelé à déposer.

« Appelé hors la présence du prévenu, après avoir représenté la citation à lui donnée et prêté serment de dire toute la vérité, rien que la vérité, il a, sur notre interpellation, déclaré ses nom, prénoms, âge, état, profession, demeure, n'être parent, domestique ou allié du prévenu, et nous avons procédé à l'audition dudit témoin ainsi qu'il suit. »

Telle est l'énervante formule reproduite vingt, trente, quarante fois, souvent plus. Cela fait assurément en moyenne un nombre de lignes supérieur à celui des interrogatoires ; d'autre part, ces entêtes, placés d'une façon inintelligente au milieu du texte des dépositions, le surchargent et le rendent confus.

Pourquoi donc ne pas rompre avec la routine, et, au lieu de ces passages invariables, absolument inutiles, ne pas donner aux accusés copie des interrogatoires qui servirait tant ?

Qu'on n'objecte pas que l'information pouvant être successivement dirigée par la police, les juges de paix et les juges d'instruction, on ne distinguerait plus, dans une copie de pièces ainsi faite, par quel magistrat tel témoin a été entendu. Il suffirait de placer avant chaque déposition ces mots : Police, Justice de paix de tel canton, ou Juge d'instruction de tel arrondissement, et la vue générale du dossier compléterait le renseignement.

De la copie des pièces saisies.

Nous avons dit que l'article 320 du Code de brumaire accordait à l'accusé copie de toutes les pièces saisies.

C'était assurément aller trop loin. On ne peut raisonnablement exiger cette faveur pour des documents inutiles ou dont de courts extraits serviraient seuls aux débats.

Mais il en est d'autres qui offrent parfois une base sérieuse d'argumentation. La loi ne devrait-elle pas donner aussi à la défense la faculté d'en obtenir copie gratuite ?

Resterait à déterminer à quelle autorité il appartiendrait de décider si cette copie doit ou non être donnée, et dans quelles limites. A notre avis, le procureur général octroierait ces autorisations avec une compétence qui aurait pour juge souverain le jury lui-même. Il arriverait ici ce qui se passe lorsque l'accusé désire faire entendre des témoins à décharge : il peut demander au procureur général de les citer à sa requête, s'il juge leur déclaration utile pour la découverte de la vérité.

Dans l'espèce, le chef du parquet apprécierait si la copie de telle ou telle pièce demandée est nécessaire.

Qu'on n'hésite donc pas plus à réaliser cette réforme que celle relative aux interrogatoires. Les demandes de ce genre, affirmons-le d'avance, seront d'ailleurs fort rares et n'augmenteront pas sensiblement les frais du procès ; et, ce qui doit être décisif, chaque fois qu'elles seront accueillies, on peut être certain qu'on aura fait œuvre utile pour la défense, c'est-à-dire pour le droit individuel et pour les mœurs publiques.

De la copie des pièces du procès lorsqu'il y a plusieurs accusés.

Lorsqu'il y aura plusieurs accusés dans une affaire, il faudra, comme corollaire nécessaire, que chacun d'eux ait droit à une copie spéciale de pièces.

Nous avons suffisamment démontré, au cours de nos explications, que dans ce cas surtout la communication du dossier devient extrêmement difficile. La gravité d'une situation semblable n'échappera à personne ; elle appelle invinciblement l'attention des Chambres et le retour à l'ancienne législation.

CONCLUSION

L'article 305 du Code d'instruction criminelle devrait donc être ainsi modifié :

« Les conseils des accusés pourront prendre ou faire prendre à leurs frais copie de telles pièces du procès qu'ils jugeront utiles à leur défense.

« *Il sera délivré à chaque accusé, en quelque nombre qu'ils puissent être, une copie des procès-verbaux constatant le délit, des déclarations écrites des témoins et des interrogatoires.*

« *Si l'accusé ou son conseil pense que la copie de telle autre pièce du procès peut servir à sa défense, il devra en faire la demande par écrit au procureur général, qui pourra donner l'ordre de la lui faire délivrer.*

« Les présidents, les juges et le procureur général sont tenus de veiller à l'exécution du présent article. »

Avec ces nouvelles dispositions, on sauvegarderait pleinement, nous le croyons, les intérêts de la justice et ceux du Trésor, puisque, sans augmentation de dépense appréciable, on donnerait à l'accusé une copie de pièces indispensables à son conseil, en lui évitant un travail inutile et des communications tardives. Ce serait faire acte d'humanité et de conscience.

Qu'on nous pardonne cette campagne en faveur d'une réforme si infime de nos lois. Mais, on l'a souvent dit : « Aux petites causes de grands effets. » Lorsqu'on songe qu'un mot négligé dans un débat peut amener la condamnation d'un innocent, quels efforts la loi ne doit-elle pas faire pour élargir et faciliter la défense !

La France de 1789 a substitué déjà à l'odieuse justice criminelle de la féodalité sa procédure et ses formules humaines. Notre jeune et vigoureuse République, fille adoucie de mères ardentes, après avoir repris les errements de ses aînées, doit compléter leur tâche ; elle n'oubliera pas que les institutions des hommes sont essentiellement perfectibles, qu'il y a toujours un progrès à ajouter à un progrès, que cela est surtout vrai dans le domaine du droit, dont l'essence tend sans cesse à se rapprocher de la source divine toute de justice et de vérité.

Nancy, imprimerie Berger-Levrault et Cⁱᵉ.

DU MÊME AUTEUR

DE LA
RÉFORME JUDICIAIRE
DANS LES
JUSTICES DE PAIX

LES
ARMOIRIES
DE LA
VILLE DE NANCY

ORIGINE ET DESCRIPTION

DEUXIÈME ÉDITION

Nancy, imprimerie Berger-Levrault et Cie.